Original Title: Im Rhythmus der Weiblichkeit

Copyright © 2023 Book Fairy Publishing
All rights reserved.

Editors: Theodor Taimla
Autor: Isabella Ilves
ISBN 978-9916-39-349-9

Im Rhythmus der Weiblichkeit

Isabella Ilves

Wolkenozean

In der Tiefe des blauen Wolkenozeans,
Schwimme ich mit ruhigem Herzschlag.
Der Himmel wie ein endloses Etui,
Hält tausend Träume wach.

Sterne tanzen auf dem welligen Samt,
und schreiben sanft mein Schicksal.
O Wolkenozean, so tief und groß,
Du bist der stillen Seelen Spiegel.

In deinem milden Weiß verliere ich mich,
Und finde dann alles, was wichtig ist.
Wolkenozean, nur du und ich,
In stiller Einigkeit, Gnade ist.

Sonnenglitzern

Im sanften Glitzern der Sonne,
Find ich tiefe Melodie der Stille.
Unter ihrem warmen Hauch,
Erwacht jeder Stein und jede Grille.

Ihre Strahlen, Worte aus hellem Gold,
Malen den Tag mit der Farbe des Lebens.
Sonnenglitzern tanzt auf dem Wasser,
Spricht von der Klarheit des Himmels.

Sie streichelt die Welt mit goldenem Licht,
Und wärmt die Herzen mit ihrem Schein.
O Sonnenglitzern, in deinem Licht,
Finden wir uns, in der Liebe vereint.

Sonnenglitzern, verzaubern Sie den Tag,
Mit dir beginnt ein Lied der Zufriedenheit.
Dein Licht umhüllt uns mit einem Lächeln,
Du bist der Beginn und das Ende der Zeit.

Leuchtturm der Seelen

Einsam auf dem harten Felsen, empor,
Sein Licht scheint weit über den Ozean.
Schützend alle Seelen in der Nacht,
Leuchtturm auf ewiger Wache ist wach.

Seine Flamme lodert in stürmischer Nacht,
Ein Symbol der Hoffnung, stehend mit Macht.
In der Dunkelheit, ein einsamer Star,
Der Leuchtturm zeigt uns, wo wir wirklich sind.

Verborgene Pfade

Durch den Wald, wo Schatten fallen,
Bedecken die Wege, die verborgen sind.
Ein Pfad, so alt wie die Zeit selbst,
Führt uns zu Schönheiten, die unbezwingbar sind.

Versteckt in der Stille, fernab der Massen,
Nur gefolgt von denen, die suchen und hassen.
Verborgene Pfade, so schwer zu finden,
Sie offenbaren uns, was wir hinterlassen haben.

Märchen der Dämmerung

Wenn die Sonne sinkt und der Himmel erlischt,
Wecken die Sterne die Geschichte der Nacht.
Ein Märchen flüstert im flüsternden Wind,
Erzählt von Abenteuern, die tief in uns sind.

Mit jedem flüchtigen Lichtblitz erwacht,
Das Märchen der Dämmerung in seiner ganzen Pracht.
Es leuchtet wie Feen, es tanzt wie ein Traum,
Eingetaucht in das Licht des silbernen Mondes Schein.

Geheimcode der Natur

In Blättern geschrieben, im Wind geflüstert,
Die Natur spricht in Rätseln, schwer zu entschlüsseln.
Ein Geheimcode, verborgen in Blumenmuster,
Erzählt die Geschichte, die ewig wächst.

Der Gesang der Vögel, das Rauschen des Sees,
Alles Teil des Codes, den die Natur versteht.
Geheim und unenthüllt, verborgen in Sicht,
Die Natur offenbart Geheimnisse im Sonnenlicht.

Ewiges Rätsel

Wer kennt die Antwort, wer weiß Bescheid?

Was lenkt das Schicksal, unsere Zeit?

Ein Rätsel, verschlossen, Geheimnis der Welt,

In dem unser Leben sich ewig erhält.

Ist es das Schicksal, das uns regiert?

Oder der Wille, der triumphierend marschiert?

Sind wir nur Marionetten in diesem Spiel?

Das ewige Rätsel, es bleibt uns nicht viel.

Ergründen der Tiefe

Ich tauche hinab, in das Dunkel der Nacht,

Suche die Wahrheit, mit all meiner Macht.

Vorbei an den Schatten, hinab in die Tiefe,

Wo das Licht der Hoffnung oft entschliefe.

Die Dunkelheit strahlt, ein geheimnisvoller Schein,

Als ob sie wüsste, hier soll etwas sein.

Das Rätsel der Tiefe, es lockt mich hinab,

Ergründen der Tiefe, eine wunderbare Gabe.

Schattenpfad

Durch dunkle Wälder und Nebelschleier,

Folge ich dem Schattenpfad, so feier.

Nur das echo meiner Schritte zu hören,

Ist das einzige, was die Stille kann stören.

Mit jedem Schritt, mit jedem Takt,

Fühle ich, wie die Dunkelheit nach mir packt.

Doch jeder Schritt auf dem Schattenpfad,

Ist ein Sieg, den ich errungen hab.

Goldene Tränen

Die Sonne geht unter, der Himmel wird klar,

Und ich sehe deine Tränen, so wunderbar.

Sie glitzern im Licht, so golden und rein,

Als könnten sie Edelsteine sein.

Deine Tränen, sie erzählen Geschichten,

Von Liebe, Hoffnung und Pflichten.

Ich fange sie auf, so goldene Zier,

Und schenke sie mit Liebe dir.

Leuchtfeuer der Hoffnung

Über den dunklen Wogen der Zeit,
Ein Leuchtturm der Hoffnung, hell und weit.
Keine Nacht kann es verblassen lassen,
In seiner Gluth hält es die Welt umfassen.

Müde Seelen finden hier Ruh',
In seinem resplendenten, goldenen Tu'.
Es scheint durch Sturm und stärksten Regen,
Ein Leuchtfeuer der Liebe, ein Segen.

Botschaften des Windes

Die Botschaften des Windes, sie flüstern und tanzen,
Wie Lieder der Erde, auf Flügeln in Balancen.
Sie tragen Versprechen aus fernen Ländern,
Und verbreiten die Düfte der heimischen Gärten.

Einsam ist der, der seinen Ruf ignoriert,
Vom zärtlichen Flüstern des Windes verführt.
In sanfter Bewegung erzählt er Geschichten,
Von Leidenschaft, Freiheit und irdischen Pflichten.

Silberne Träume

In silbernen Träumen, durch Mondlicht gekleidet,
Die Sterne funkeln, während die Dunkelheit schweigt.
In sanfter Stille zieht der Schlaf dich in Bann,
Wo geheime Wünsche ihren Anfang anfann.

Geschlafen in silbrige Tränen des Mondes,
Sie wiegen und beruhigen die sanften Töne.
Die Nacht weicht dem Tag, der Traum beginnt zu schwinden,
In silbernen Träumen, neue Hoffnung zu finden.

Immerwährende Mystik

Ein geheimnisvolles Wispern in der Luft,
Verborgen in der Dämmerung und so vertraut.
Echos alten Wissens, tief in der Erde vergraben,
Sie rufen zu uns, durch die Zeit hinüber getragen.

Die Mystik ist wie das Leuchten des Nachthimmels,
Ein endloses Rätsel, das unsere Neugier fesselt.
Es ist das Nichtwissen, das uns menschlich macht,
Die immerwährende Mystik, Sie flüstert in der Nacht.

Tiefen der Weiblichkeit

In den Tiefen der Weiblichkeit, schlafend, geheimnisvoll,
   Eine Seele weht wie Seide, frei und sturzflugvoll,

  Wie ein silberner Fluss, fließt sie stark und ruhig,
  Ein Spiegel alter Weisheit, wild und einzigartig.

  Sie ist wie der volle Mond in der dunklen Nacht,
  In ihrer Liebe und Stärke liegt verborgene Macht.

  Ihre Lieder sind Tränen, ihre Tränen sind Lieder,
  In den Tiefen der Weiblichkeit, immer wieder.

Versprechen der Morgendämmerung

Mit dem zarten Kuss der Morgendämmerung erwacht der Tag,
Verspricht neues Leben wie nur die Hoffnung es vermag.

Hell und warm durchbricht die Sonne den Nebel klar,
Jeder neue Tag ein Versprechen, so wunderbar.

Die Vögel singen die Melodie des beginnenden Tages,
Er ist voller Möglichkeiten, Demut und Zusage.

So begrüßt die Welt das Versprechen der Morgendämmerung,
Jeder Tag ist neu, ein Geschenk zur Erinnerung.

Sterne hinterm Horizont

Auch wenn sie unsichtbar sind hinter dem Horizont,
Die Sterne sind da, in dunklen Nächten gewohnt.

Jenseits unseres Blickes, aber nah im Geist,
Ihre stille Präsenz, die den Weg uns weist.

Leise flüstern sie Geschichten über Raum und Zeit,
In der stillen Nacht erklangen sie in ihrer Heiligkeit.

So leuchten die Sterne hinter dem Horizont,
In einer Welt, die noch immer von Träumen wohnt.

Unter dem Baum der Weisheit

Unter dem Baum der Weisheit sitzen, tief in Gedanken,
Die Äste wie alte Arme, die Weisheit und Wissen schenken.

Lauschen Sie dem Wind, wie er durch die Äste weht,
Erzählt von alten Zeiten, die niemand mehr versteht.

Unter seinem Schatten findet man Trost und Frieden,
Ein Ort, wo alte Seelen sich wieder finden.

So sitze ich hier, unter dem Baum der Weisheit,
Und finde in seiner Stille ein Stückchen meiner Weisheit.

Netz der Wünsche

Im Netz der Wünsche schweben wir,
Ohne Sorge, ohne Gier.
Liebe und Frieden in uns klingen,
Lassen freudige Lieder in uns singen.

Im Netz der Hoffnung, licht und klar,
Ist jeder Wunsch wunderbar.
Wir weben Träume, die ewig währen,
In den unendlichen Sternenmeeren.

Ein Wunsch, ein Traum, der stets uns verbindet,
Eine Liebe, die uns unendlich bindet.
Im Netz der Wünsche, so unerlässlich,
Ist die Hoffnung des Lebens unermesslich.

Funkelnde Erinnerungen

Funkelnde Erinnerungen in der Nacht,
Haben die Lichter der Liebe entfacht,
Ein Sternenmeer in deinen Augen,
Hat mein Herz zum Tanzen veranlagt.

Jede Nacht zähle ich die Sterne,
Funkelnde Erinnerungen sind nie ferne,
Im Spiel des Lichts und der Schatten,
Ist unser Tanz der ewigen Laterne.

Funkelnde Erinnerungen, still und klar,
Erzählen Geschichten, wahr und wunderbar,
In jeder Nacht, in jedem Moment,
Bist du meine liebste, funkelnde Gitarre.

Farben des Schicksals

Farben des Schicksals, wild und frei,
In jedem Herzschlag, in jedem Schrei,
In der Tiefe der Seele leuchten sie,
Erzählen Geschichten, so alt wie der Mai.

Brot und Wein in Gold und Rubin,
Schicksal malt mit seiner Gunst darin.
Ein Aquarell des Lebens, so bunt und fein,
Tanzt auf der Leinwand unseres Daseins.

Farben des Schicksals, so stolz und stark,
Zeichnen den Pfad, erhellen das Mark.
In jedem Traum, in jeder Wahrheit,
Sind sie der Leuchtturm in der Dunkelheit.

Freudenspur

Freudenspur in Herzen tief,
Wo Liebe treu und stetig rief.
Ein Lied das Glück uns stets beschert,
In jeder Strophe, unverwehrt.

Freudenspur, so klar und hell,
Führt uns durch jegliche Welle.
Ein Pfad der Glück und Freude uns schenkt,
Wo das Licht der Liebe nie versenkt.

Ein Pfad aus Lachen, Spiel und Tanz,
Führt uns in einen verzauberten Tanz.
Freudenspur, unser Leitstern der Nacht,
Mit uns durch jeden Traum wacht.

Gesänge der Weisheit

Von Bergen hoch und Meeren tief,
Unser Wissen, so unverzweifelt rief.
Lerne, lebe, liebe, lache,
In diesen Gesängen der Weisheit spreche.

Bezwingen wir die Stürme der Zeit,
In den Knoten der Komplexität gefleid.
Nichts ist stärker als der Geist geweckt,
Als in Weisheit fein versteckt.

Wir weben Weisheit, Faden um Faden,
Im Herz des Kosmos, in Eden's Gnaden.
Leitstern des Wissens, Gedanken klar,
In singenden Versen offenbar.

Rufen des Verborgenen

Es versteckt sich im Dunkel, doch ruft es laut,
Die Mysterien, die auf uns schauen aus eingehüllter Kraft.
Gehüllt in Nebel, doch klar wie Quarz,
Das Ruf des verborgenen offenbart seinen Schatz.

Ein Lied, so sanft, in Flüstertönen gespielt,
Die Melodie im Herzen, in Farbenspiel erwacht.
Das Verborgene ruft, es singt und lacht,
In uns'ren Träumen wird es zur Pracht.

Versteckt, verschlossen, doch niemals verloren,
Im Ruf des Verborgenen werden wir neu geboren.

Fluss des Vergessens

Unter der Sonne und dem Mondenschein,
Fließt er stetig, der Fluss, ins Vergessen hinein.
Seine Wellen, sie tragen unsere Sorgen fort,
In ihrem stromabwärts gerichteten Zort.

Was einmal war, wird vergessen sein,
Im tiefen Gewässer, so kühl und rein.
Die Zeit heilt alle Wunden, sagt das Sprichwort fein,
Im Fluss des Vergessens kann dies nur wahr sein.

Er fließt stetig, es gibt kein Zurück,
Im Fluss des Vergessens, da findet man Glück.

Tanz des Windes

Siehst du sie wirbeln, im Tanz so frei,
Die Blätter, aufgenommen im Windes Schrei.
Sie wirbeln und tanzen, sie wirbeln und schweigen,
Im unsichtbaren Tanz des Windes, dem alles muß neigen.

Er trägt sie hinauf, er trägt sie hinab,
Im Tanz des Lebens, es gibt kein Klab.
Schaut der Wind, er führt den Tanz,
Unsichtbar, doch voller Glanz.

Er singt und er flüstert, er schreit und er lacht,
Im Tanz des Windes wird das Leben zur Pracht.

Weisheit des Windes

In den Zweigen zittert die Weisheit so fern,
Geheimnisse trägt sanft der alte Himmelsstern.
Jedes Blatt erzählt im Wind von mutiger Reise,
In jeder Brise steckt eine verborgene Weise.

Die Lebensmelodie, vom Wind weise gespielt,
Er erzählt von Kriegen, von Liebe, die nicht kühl.
Er webt Geschichten in den Himmel hinaus,
Die Weisheit des Windes, sie fließt durch jedes Haus.

Der Wind, er haucht Weisheit in jeden Stein,
Einzig der Mensch, kann er nicht immer rein sein.
Doch lernen wir zu lauschen, dem Wind und seinem Lied,

Spüren wir die Weisheit, die in ihm blüht.

Nachtflüstern

Die Nacht kommt näher, still und leise,
Im Mondenschein zeigt sie ihre weise.
Verschwindet die Sonne, erlischt das Licht,
Beginnt das Flüstern der Nachtgeschicht.

Leise Worte, von den Sternen gesagt,
Bedecken die Erde, so dunkel und sacht.
Im Flüstern der Nacht, träumen die Bäume,
Hören von fernen Welten und Räume.

Das Nachtflüstern, es wiegt uns in Schlaf,
Hell leuchten die Sterne, in ihrer Kraft.
Die Nacht flüstert leise, es ist soweit,
Betten wir uns in die Dunkelheit.

Ode an die Stille

Still ist die Welt, wenn sie schweigt,
Wenn alles Läuten, alles Schreien erliegt.
In der Stille, hören wir des Herzens Lied,
Es erzählt von der Sehnsucht, die nie zieht.

Die Stille spricht, ohne ein Wort,
Erzählt von Orten, an keinem Ort.
In der Ruhe finden wir den wahren Klang,
Die Stille ist mehr, als ein stummer Gesang.

Die Stille ist der reine Geist,
Der das wahre Sein uns weist.
In der Ode an die Stille, wird klar,
In der Ruhe zeigt sich das Leben wunderbar.

Versprechen des Morgentaus

Der Morgentau auf den Blättern glitzert,
Ein neuer Tag, der das Dunkle witzert.
Ein Versprechen liegt in jeder Tau-Perle klein,
Im neuen Licht wird alles sein.

Das Versprechen des Morgentaus, schön und klar,
Neues Leben, neue Chancen, alles ist wahr.
Die Sonne küsst den Morgentau,
Bringt Hoffnung und Glück, der Himmel so blau.

Das Versprechen des Morgentaus, so zart und rein,
Gibt uns Kraft, uns selbst zu sein.
Im kühlen Tau, im ersten Licht,
Erwacht die Welt, das Versprechen bricht.

Zeitenwandler

Inmitten von Sekunden, Minuten und Stunden,
Wanderer durch Zeiten, vom Schicksal verbunden.
Reisender in Vergangenheit, Gegenwart, Zukunft laut,
Jedes Augenblick kunstvoll wie eine Kristallbraut.

Was heute ist, war einst nur ein Traum,
Was morgen sein wird, bleibt nur Schaum.
Zeitenwandler durchmisst die Äonen,
Nicht gefesselt durch des Schicksals Zügel oder Zonen.

Zeit, du bist ein Wandlungsmarathon,
Endlos, endend, ewiger Zyklikon.
Zeitenwandler, dein Geist bleibt frei,
Im Rhythmus des Kosmos, mächtig und neu.

Spaziergang im Engels Haar

Traumhaft zart wie Engels Haar,
Lädt der Morgen zum Spazieren ein, so klar.
Im Morgentau glänzt jeder Grashalm fein,
Im Sonnenlicht, ein himmlisches, strahlendes Schein.

Unsichtbare Fäden im Wind sich wiegen,
Scheinen den Himmel mit der Erde zu besiegen.
Mit jedem Schritt, mit jedem Atemzug,
Fühle ich mich dem Himmel näher, genug.

Sanftes Feuer in des Tages erster Runde,
Erwärmt mein Herz, heilt jede Wunde.
Im goldenen Haar der Engel bin ich verloren,
Verzaubert vom Strahlen des neuen Morgens.

Nachtschattenmelodie

Die Nacht kommt auf Samtpfoten,
Bringt Schattenmelodie, ungebrochen.
Sterne flüstern alte Geschichten,
Mondlicht malt geheime Gedichten.

Finster und doch gefüllt mit Licht,
Die Dunkelheit trifft das Herz, bricht es nicht.
Schatten tanzen im Mondes Glanz,
Flüstern ihre versteckte, stille Tanz.

Die Nacht singt ihr dunkles Lied,
Eine Melodie, die sanft flieht.
Von Stern zu Stern, von Traum zu Traum,
Nachtschattenmelodie, ewig im Raum.

Flügelschlagechos

Flügelschläge hallen durch den Morgen,
Echo der Freiheit, vertreibt jeden Sorgen.
Hoch in den Lüften, so kühn und weit,
Trägt der Wind ihre Lieder, voll von Heiterkeit.

Jedes Echo ist ein Versprechen von Flug,
Vom Flügelschlag getragen, schnell genug.
Ob hoch am Himmel oder tief im Tal,
Flügelschlagechos singen ihre eigene Ballade zumal.

Getrieben von der Sehnsucht, zu fliegen so hoch,
Ist jeder Flügelschlag ein ehrlicher Versuch.
Echo der Freiheit, wild und frei,
Flügelschlagslieder, ewig neu.

Innerliches Wogen

Wellen der Gefühle, in mir sie toben,
Verwandeln Stille in ein rauhes Meer,
Gestürzt im Strom, kein Sternlein dort oben,
Hat der Heiland vergessen seine Lehr?

Belebt von innen, durch Hoffnung getrieben,
Das Wogen meines Herzens, es bricht,
In meinem Innersten stets am Schwingen,
Suchend nach dem ewigen Licht.

Unsicherheit lässt Raum für das Neue,
Ein Herz, das pocht im wilden Gezeiten Lauf,
Das Licht der Morgenröte bricht die Treue,
Auf das innerliche Wogen nimmt den Lebensverlauf.

Tanz der Tropfen

Tropfen fallen vom Himmel, leise,
Tauchen die Welt in ein silbernes Grau,
Wirbeln und tanzen in alter Weise,
Erwecken die Erde aus ihrem Tau.

Perlen der Feuchtigkeit im Strome verwehrt,
Tanzen ihren Reigen, leicht und schwer,
Ein Ballett der Natur, stets ungehört,
Findet im Regenschleier immer mehr.

In ihrem Tanz liegt verborgen Trauer,
Doch auch das Lächeln eines neuen Tages,
Sie sagen uns, das Leben ist eine Dauer,
Voller stetig wechselnder Passagen.

Herzensflamme

Ein Funke Zündet im Herzenskern,
Bringt Licht und Wärme ins Dunkel hervor,
Die Flamme lodert, hell und fern,
Erweckt die Seelen zum lebendigen Chor.

Im Scheine des Feuers, tief in der Brust,
Erfährt man seine innere Kraft,
Die Herzensflamme gibt uns Bewusst,
Dass Lieben und Leben zieht in die Schlacht.

Sie bringt uns Zusammen, sie treibt uns an,
Die Flamme brennt, das Herz erwacht,
Und obwohl die Dunkelheit uns ergreifen kann,
Die Herzensflamme hält über die Nacht.

Verhüllte Geheimnisse

Des Herzens Schleier, fein und dicht,
Verbirgt was tief darunter liegt,
Verhüllt die Wahrheit, das wahre Licht,
Erzählt von dem, was oft man verschweigt.

Geheimnisse, tief und unergründlich,
Verhüllt im Dunkel der Seele Nacht,
Erwachen leise, fast unhörlich,
Haben uns stets um Schlaf gebracht.

Doch der Schleier der Einsicht kann sich lösen,
Legt frei das Herz, die Seele, das Sein,
Und aus den Tiefen wird es erlösen,
Das wahre Leuchten, klar und rein.

Im Mosaik der Erinnerung

Versunken in Gedanken, tief und voll,
Das Bild der Vergangenheit im Herzen still.
Zeit verschwimmt im Mosaik der Erinnerung,
Jeder Stein ein Moment, der Sehnsucht füllt.

Bücher der Zeit, Seiten vergilbt und alt,
Gespickt mit Momenten, glänzend und kalt.
Herzen, die in der Liebe verfangen,
Gebrochene Versprechen, unausgesprochen, gehalten.

Jeder hauch ein neuer Start,
Verborgen im Mosaik des Herzens Verstand.
Verstreut über das unendliche Feld der Zeit,
Jeder Stein ein Schatz, in Erinnerung gebannt.

Masken des Schicksals

Geschmiedet in der Stille der Nacht,
Masken des Schicksals, in Träumen erwacht.
Vor der Zukunft erhöht, unerkannt,
Gesichter getauscht, vom Wind verweht.

Gleicher Pfad, doch trostlos allein,
Masken verbargen, den wahren Schein.
Verlorenen Lächeln, geheime Schmerzen,
Spiegel der Seele, verborgen in Maskenherzen.

Im Spiel des Schicksals, hart und grausam,
Maskerade des Lebens, bitter und einsam.
Verhüllt und verborgen in der Dunkelheit,
Bis die Masken fallen, in der Stille der Ewigkeit.

Frauen unter den Sternen

Frauen unter funkelnden Sternen,
Tänzerinnen im Nebel der Nacht.
Sie teilen ihre Geheimnisse, leise und zärtlich,
In der unendlichen Weite, unter dem sternenklaren Dach.

Jedes Herz ein Leuchten, warm und hell,
In der Dunkelheit, ein stilles Gebell.
Sie singen Lieder der Freude und des Schmerzes,
Unter dem Sternenhimmel, Glanz und Kerzen.

Träumerinnen, unter den Sternen geboren,
Mit den Geheimnissen des Universums vereidigt und verschworen.
In der Tiefe der Nacht finden sie ihren Weg,
Frauen unter Sternen, stark und bewegt.

Rhythmen des Mondes

Unter dem silbernen Licht, schwebt die Nacht,
Geheimnisse flüstern im Rhythmus der Mondscheinfacht.
Sterne tanzen zu der Melodie so verträumt und leise,
In der Dunkelheit verloren, in der Stille so weise.

Die Mitternacht singt ein altes Lied,
Im Rhythmus des Mondes, wo die Zeit entflieht.
Die Nacht zieht ihren schweren Seidenschleier auf,
Und der Mond tanzt, in der Stille nimmt der Traum seinen Lauf.

Die Dunkelheit hält die Nacht im Glanz fest,
Im Rhythmus des Mondes, wie ein himmlisches Fest.
Die Sterne tanzen und die Nacht träumt,
Unter den Rhythmen des Mondes, wo die Liebe versäumt.

Verstecktes Paradies

In ruhigen Ecken, weit weg von Hast,
Fand ich einen Ort, der mich umfasst.
Ein verstecktes Paradies, so wunderschön,
Den man nur mit leisem Seufzen kann sehn.

Jeder Baum flüstert die schönsten Lieder,
Jedes Blatt, eine Melodie immer wieder.
Das Rauschen des Baches, unaussprechlich sanft,
Der Himmel, durch Sonnenstrahlen erfrischt und verkannt.

Die Farben des Horizonts, so tief und klar,
Wo jeder Moment ein Gemälde wunderbar.
Das ist mein Paradies, versteckt vor der Welt,
Ein Ort, wo Frieden ständig zählt.

Schlafende Wahrheiten

Es liegen so viele Wahrheiten im Tiefschlaf,
Verborgen im Herzen, geduldig und straff.
Sie warten auf den Moment des Erwachens,
Auf das Aufleuchten des Geistes, das Lachen.

Dort sind die Geheimnisse, ungesagt,
In der Tiefe der Seele, leise bewacht.
Sie können die Dunkelheit erhellen,
Können Geschichten, Geheimnisse erzählen.

Nicht immer werden sie gern gesehen,
Doch ihre Existenz kann man nicht übersehen.
Schlafende Wahrheiten, schwer zu erwecken,
Aber es sind sie, die das Leben schmücken.

Verzweigungspfade

Am Kreuzweg stehen, mit Blick auf die Pfade,
Unsicherheit in Augen, und in der Taten.
Zwei Verzweigungspfade, nach Rechts und Links,
Ein Weg führt ins Licht, der andere ins Blinks.

Der rechte Weg ist hell, mit Rosen gesäumt,
Der linke wirkt dunkel, vom Nebel geträumt.
Doch darin liegt die Illusion verborgen,
Was hell erscheint, könnte Sorgen besorgen.

Der dunkle Weg, es könnte sein,
Führt schließlich ins hellste Licht hinein.
So wähle den Pfad mit Mut, nicht Scheu,
Denn das Unbekannte offenbart oft die treuste Treu.

Hinter den Wolken

Schau, wie die Wolken am Himmel ziehen,
Mit ihrer weiten, bedeckten Kür.
Doch hinter den Wolken, so will ich glauben,
Liegt ein Blau, so tief und rein, nie zu rauben.

Die Sonne, sie lächelt verborgen dort,
In einem Land, jenseits aller Worte.
Sie sendet ihr Licht, durch die Wolken hinweg,
Ein Versprechen der Hoffnung, ein ewiger Zweck.

Hinter den Wolken, da ist der Frieden,
Ein Ort, der vor uns verborgen ist, unbeschieden.
Doch tragen wir die Gewissheit mit uns mit,
Dass hinter den Wolken, das Licht niemals quitt.

Frauenreigen

Im Gleitflug des Abendrots, harmonisch fein,
Frauenreigen tanzen sie im Mondenschein.
Anmut spricht aus jedem ihrer Schritte,
Herzen sprechen eine stumme Bitte.

Jeder Blick, jedes Lächeln, ein Gedicht,
Jede Frau, ein eigenes Universum in Sicht.
Sie tanzen und spinnen den Faden des Lebens,
Jeder Tanzschritt, eine Zeile in ihren Briefen.

So vereint im Tanz, doch einzeln wie Sterne,
Leuchten sie hell, nah und ferne.
Jede in ihrem eigenen Licht,
Die Schönheit des Frauenreigens bricht.

Verborgene Weisheiten

Wie Schatten tanzen auf alter Wand,
Verborgene Weisheiten im Sand.
Wo die Worte verschwinden in der Zeit,
Finden wir Wahrheit in ihrer Zweisamkeit.

In der Tiefe des Meeres, im Lächeln des Windes,
Finden wir Weisheiten, die niemand sonst findet.
Versteckt in der Stille, in der Schönheit der Nacht,
Haben wir stets nach Weisheit gesucht und gewacht.

Verborgen und still, und doch so klar,
Weisheit ist stets da, doch niemals offenbar.
Sie ist wie der Fluß, der unaufhörlich fließt,
Und unser Leben mit Wissen speist und begrüßt.

Schönheitsgeheimnisse

Schau in den Spiegel, was siehst du da?
Ein Lächeln, ein Funkeln, so wunderbar.
Schönheit ist mehr als das Auge sieht,
Es ist die Liebe, die in deinem Herzen glüht.

Das heimliche Leuchten in deinen Augen,
Das Glühwürmchenlicht unter dunklen Wogen.
Versteckte Schönheit, so fein und sanft,
Wahrhaftig und unbeirrbar, immer vorhanden und anhaft.

Schönheit liegt in der Würde des Alters,
In den Spuren der Zeit, in Lachfalten und Faltern.
Sie ist der Stille Fluss, der durch das Leben fließt,
Das größte Geheimnis, das man nie ganz erschließt.

Spiegel des Mondes

Sieh hinauf zum Sternenhimmel in der Nacht,
Der Spiegel des Mondes mit sanfter Pracht.
Er reflektiert das Sonnenlicht,
Und erzählt Geschichten mit jedem Gesicht.

Er ist wie ein ruhiger See in der Nacht,
Er hält die Träume und Wünsche wacht.
Ein Spiegel der Sehnsucht, der Hoffnung, der Zeit,
In seinem Licht sind wir vereint und bereit.

Er ist der Zeuge unserer Träume und Sorgen,
Er sieht uns heute und auch morgen.
Im Spiegel des Mondes findet man Stille,
Und die Liebe, die uns erfüllt und erquillt.

Lied der Sterne

Im tiefen dunkel blau der Nacht,
Mysteriös verspricht die Pracht,
Singen Sterne ein Lied so leise,
Auf ihre magisch seidene Weise.

Die Sterne flüstern im Schlaf der Nacht,
Auf silbernen Fäden, mit leichter Macht,
Geschichten alt, aus fernen Zeiten,
Geben Rätsel auf, die uns begleiten.

Sie singen von Träumen, die nie vergehn,
Von Seelen, die sich nie sehn,
Tief in uns, dieser Sternensang,
Er mit uns für immer klang.

In diesem Lied der sternenklar Nacht,
Haben wir alle zusammen gelacht,
Und so lebt die Sternenmelodie,
In unseren Herzen, in Harmonie.

Wahrheitenspiegel

Der Wahrheitsspiegel, klar und rein,
Wo die Seelen sehen wie sie sein,
Dort tanzt unsere Wahrheit, ohne Schleier,
Bloß fühlt sich die Wahrheit, so freier.

Im Spiegel sehe ich, was ich sein könnte,
Mein Herz schlägt leise, ich verstehe,
Dass aufrichtiges Bild, wild und frei,
Das wahre Ich, doch nur ich es sei.

Der Wahrheit Spiegel, offenbart,
Was im Innersten bewahrt,
Das wahre Selbst, die inn're Kraft,
Im Spiegel gespiegelt, nie geschafft.

Im Spiegel der Wahrheit, das Licht der Welt,
Das wahre Ich, das sich erhellt,
Im Spiegel wird alles klar,
Die Wahrheit, sie ist immer da.

Frauen im Flüstern der Bäume

Frauen im Flüstern der Bäume,
Tragen Träume, tragen Träume,
Im Windflüstern, leise erzählt,
Wo die Harmonie der Welt.

Im Flüstern ergießen sich die Geschichten,
Die Liebe, die Freude, die Pflichten,
Im Laubwerk, ihr Lächeln zu sehen,
In den Bäumen, sie verwehen.

Die Bäume tragen ihre Sorgen,
Bis zum ersten Licht des Morgens,
Ihre Geschichten, ihr Leid und Glück,
Tragen sie im Wind zurück.

Frauen im Flüstern der Bäume,
Halten an ihren Lebensträume,
Im Flüstern der Bäume, nur für den,
Wer es hören kann, und die Frauen erkennt.

Tiefenrausch

In der Tiefe, da finde ich Rausch,
Ein stiller Ort, nur der Atem brauch,
Wo die Stille die Gedanken schweigt,
Wo die Seele fliegt und sich zeigt.

In den Tiefen meines Bewusstseins,
Finden sich Wahrheiten, rein und fein,
Versunken in dieser stillen Flut,
Erwacht die Seele, voller Mut.

Im Tiefenrausch, ohne Zeit und Raum,
Schwebend in einem endlosen Traum,
In der Stille, in der Tiefe gelegen,
Findet man den wahren Segen.

In den Tiefen meiner Selbst versinkend,
Das Bewusstsein, ewig blinkend,
Im Rausch der Tiefe, frei und klar,
Find ich das Ich, das immer da.

Flügel der Freiheit

Die Flügel der Freiheit breiten sich weit,
Über Ebenen, Täler, in sommerlicher Zeit.
Sie fliegen hoch, berühren den klaren Himmel dort,
Zum Horizont hin, an dem goldenen Ort.

Wir fliegen auf Flügeln, blank und breit,
Zwischen Hoffnung und Sehnsucht, in der Unendlichkeit.
In den Tiefen des Himmels, in der Weite des Meers,
Finden wir Freude, frei wie der Wind es lehrt.

Unter dem silbernen Mond, der goldenen Sonnenschein,
Fühlen wir die Freiheit, tief in uns drinnen fein.
Eine Reise des Herzens, so weit, so klar,
Auf den Flügeln der Freiheit, ist das Wunderbar.

Seelenflug

Ein sanfter Flüstern, ein leiser Schlag,
Ein Seelenflug in der tiefschwarzen Nacht.
Jenseits der Sterne, getragen vom Wind,
Schweben wir dahin, wie ein vergehendes Kind.

Unsere Seelen fliegen, getragen von Liebe,
Über die Wipfel, wie durch eine Zaubersprüche.
Keine Ketten, keine Grenzen, keine Angst und keinen Schmerz,
Nur der endlose Himmel, spiegelt das Herz.

Singt, ihr Seelen, fliegt frei und hoch,
Durch die Nacht, unter dem Mondesfackel doch.
Mit jedem Schlag, mit jedem Ton,
Ein Seelenflug, wie ein wunderschönes Lied davon.

Whispering Dawn

Der dämmernde Sonnenaufgang, hauchzart und leise,
Erzählt Geschichten, so geheimnisvoll auf seine Weise.
Mit dem ersten Lichtstrahl, dem zarten Schimmer,
Findet der Tag in der Stille immer.

Ein sanftes Flüstern, ein stilles Lied,
In der Morgendämmerung, wo alles geschieht.
Bäume und Blumen, erwachen zu Leben,
In dem wunderbaren Licht, das der Morgen kann geben.

Der zarte Wind, das Licht das den Tag umhüllt,
In dieser Stille, in der die Welt noch still.
Whispering Dawn, ein Flüstern, ein leises Gesang,
Bringt einen neuen Tag, mit deinem sanften Klang.

Märchen von Nebel

Im Dickicht des Waldes, verborgen und still,
Erzählt der Nebel sein Märchen an dich mit viel Gefühl.
Mit dem Tanz der Schatten, dem Schein des Mondes Licht,
Wird das Märchen von Nebel, eine zauberhafte Sicht.

Jedes Blatt, jeder Baum, von Nebel geküsst,
So wunderbar mystisch, wenn der Morgen erwacht und grüsst.
Ein Schleier aus Silber, der die Welt umhüllt,
Im Märchen von Nebel, so wunderbar erfüllt.

Der Nebel stirbt langsam, mit dem Sonnenaufgang,
Hinterlässt Traumspuren von seinem vergangenen Gang.
Das Märchen von Nebel, ein Zauber der Nacht,
Erwacht wieder in der Morgenröte, in allem seiner Pracht.

Spiegel der Sterne

Im Silberlicht der Mondennacht,
In ihrer stillen Pracht,
Zu sehen Sternenmuster klar,
Im Spiegel der Sterne, so wunderbar.

Streicheln Sie den Himmel mit Ihren Blicken,
Sehen Wunder, die jedes Herz erquicken.
Wer kann schon die Vielfalt verstehen,
Im Spiegel der Sterne, was sie uns aufzeigen.

Erzählen Geschichten aus fernen Zeiten,
Von Liebe und Krieg und verborgenen Weiten.
Uns bleibt nur, ihre Schönheit zu bewahren,
Im Spiegel der Sterne, in unseren Gedankenpaaren.

Jede Nacht fallen sie wie der Regen,
Silent, still, nicht zu bewegen.
Im Spiegel der Sterne, am Himmel so hoch,
Ihre Mysterien bleiben ein ewiger Versuch.

Im Zwielicht der Weisheit

Im Zwielicht der Weisheit liegt verborgen,
Ein Weg, geprägt von gestern und morgen.
Kein Pfad ist je ohne Hindernis glatt,
Im Zwielicht der Weisheit, das jeder begatt.

Wer achtsam geht, sieht mehr als nur Pfaden,
Sieht Lebensgeschichten, voller Emotionen beladen.
Die Samen des Wissens, tief in uns gesät,
Im Zwielicht der Weisheit, wie der Wind weht.

Erkennen wir die Schönheit in jedem Dasein,
Und lernen, Liebe und Geduld zu verein.
Lehren und lernen, ein ewiger Kreis,
Im Zwielicht der Weisheit, ohne Preis.

So wandeln wir, in tiefem Sinnen,
Bis wir das Licht der Weisheit innen.
Im Zwielicht der Weisheit, so leise und still,
Liegt der Schlüssel, der unseren Geist erfüllt.

Dunkles Vergnügen

Ein dunkles Vergnügen, süß wie der Wein,
Tauche ein in das Spiel, lass dich verneinen sein.
Gebrochene Träume, verlorene Seelen,
Dunkles Vergnügen, in schattigen Zellen.

Ein Lächeln verborgen, hinter dem Schleier,
Verborgene Wahrheiten, dunkler und freier.
Im Nachtgeflüster, in den Schatten verschwunden,
Dunkles Vergnügen, mit Mysterien verbunden.

Sind wir nicht alle Kämpfer der Nacht?
Suchen nach Freude, nach dunkler Macht.
Ein verbotenes Spiel, so süß der Schmerz,
Dunkles Vergnügen, verborgen im Herzen.

Die Hände gefesselt, der Geist jedoch frei,
Aus den Tiefen der Nacht, steigt ein mystisches Geschrei.
Dunkles Vergnügen, ein Geheimnis, so tief,
In den Schatten verloren, wie ein schwiegender Dieb.

Maskenspiel

Ein Spiel der Masken, lebendige Kunst,
Verborgene Gesichter, versteckter Dunst.
Wir sind alle Schauspieler in dieser Welt,
Im Maskenspiel, welches uns gefällt.

Wir tragen alle eine Maske, stark und fein,
Für die einen zum Schutz, für die anderen zum Schein.
So tanzen wir im Licht, so tanzen wir im Dunkeln,
Im Maskenspiel, welches unsere Seelen umhüllt.

Jede Nacht legen wir sie ab, mit sorgender Hand,
Blicken in den Spiegel, erkennen unser gesichtloses Gewand.
Im Dunkeln finden wir unsere wahre Gestalt,
Im Maskenspiel, in uns geballt.

Lächeln und Tränen, verborgen und still,
Spiel der Masken, erfüllt unsern Will.
Im Licht und im Dunkeln, Tag für Tag,
Das Maskenspiel spielt, solang es noch mag.

Windgesänge

Die Blätter flüstern leise im Wind,
Ich höre ihre zärtlichen Gesänge,
Die Wolken schweben, so sorglos und blind,
Der Himmel spielt mit bunten Klänge.

Sie singen Lieder von Freiheit und Frieden,
Liedern, die in der Seele wohnen,
Jeden Kummer, sie haben ihn gemieden,
Die Wälder tanzen auf grünen Kronen.

Ich schließe die Augen, öffne das Herz,
Lasse den Wind durch meine Haare wehen,
Vergesse die Welt, vergesse den Schmerz,
Im Flüstern des Windes kann ich verstehen.

Oh Windgesang, dein Lied trägt mich fort,
In deiner Weite finde ich meinen Ort.

Zauber der Tiefe

Unter der Oberfläche, still und tief,
Eine Welt verbogen, wo das Licht nicht trifft.
Doch der Zauber verbirgt, so blau und rein,
Verschlungen in Träumen, kann niemand allein sein.

Die Wellen tanzen, die Perlen glühen,
In der Tiefe lässt der Zauber sie flühen.
Das Dunkel erblüht, der Ozean singt,
In der Stille der Tiefe, die Magie schwingt.

Korallenriffe bilden märchenhafte Burgen,
Wo Seegeschichten sich in Farben wurgen.
Die Tiefe, sie flüstert, sie ruft und sie lacht,
In ihrer Umarmung verbrachte ich so manche Nacht.

Das Geheimnis der Tiefe, so unergründbar klar,
In ihrem Blau finde ich immer, was einmal war.

Lied der Stille

In der Stille, da singt die Welt ein leises Lied,
Es ist ein Klang, der oft im Lärm untergeht.
Aber halt inne, hör hin, und du wirst es verstehen,
Wie die Stille, so sanft, kann die Seelen erheben.

Die Nacht kommt leise, der Tag zieht sich zurück,
In der Stille erleuchten die Sterne ihr Glück.
Die Träume flüstern, die Gedanken werden weich,
Im Herzen der Stille, da bin ich wirklich reich.

Die Stille ist mehr als nur das Fehlen von Lärm,
Sie ist ein Raum, ein Gefühl, ein verborgener Stern.
Sie singt das schönste der Lieder, leise und klar,
In der Stille der Nacht, bin ich der, der ich wirklich war.

Die Stille ist Zauber, ist Geheimnis, ist Ruh,
In ihrer Melodie finde ich immerzu.

Tränenaula

In der Halle der Tränen, weint die Seele leise,
Jede Träne erzählt, eine eigene Weise.
So süß ist der Schmerz, so bitter die Fröhlichkeit,
In der Tränenaula liegt die wahre Zweisamkeit.

Tränen fallen wie Perlen, glänzen im Licht,
Im Angesicht der Trauer, im Angesicht der Pflicht.
Jede Träne ist ein Versprechen, eine Spur,
In ihrer Klarheit finde ich die wahre Natur.

So weint die Seele, so klagt das Herz,
Jede Träne erzählt von Liebe und Schmerz.
In der Stille der Nacht, im Schein der Sterne,
Zeigt sich in Tränen die ewige Ferne.

Doch Tränen sind mehr als nur Salz und Wasser,
Sie sind Trost, sie sind Kraft, sie sind leiser Hass.

Verlorene Paradiese

Dem Paradies, das verloren in Träumen,
Zwischen Spiegeln von Zeit und Raum.
Es rauscht sanft in verblassten Säumen,
Versinkt leise in schattenhaftem Schaum.

Die Hoffnung sitzt auf des Schicksals Waage,
Blickt durch das Fenster der Vergangenheit.
Sie summt leise eine vergessene Sage,
In den Weiten der ewigen Einseitigkeit.

Ungeküsste Blüten, in Erinnerungen getragen,
Blühen in der Einsamkeit des Vergehen.
Sie singen von ungesagten Fragen,
Im Wind des Schicksals, sehen wir sie wehen.

Verlorene Paradiese, vom Schicksal zerrissen,
Bleiben stumme Zeugen unserer Sehnsucht.
Was wir vermissen, können wir nur vermissen,
Wenn wir atmen in Erinnerungen alte Luft.

Stimmungsvolle Schönheit

In der Tiefe des Morgens, bei Erwachen der Natur,
Leuchten Farben stimmungsvoll und pur.
Ein neuer Tag, ein neuer Anfang, ein neues Lied,
Die Schönheit des Lebens, man sieht und riecht.

Die Sonne streichelt die Blätter sanft,
Lässt sie glitzern in tausendfacher Pracht.
Die Welt, sie leuchtet in buntem Gewandt,
In Schönheit, die das Herz erlacht.

Die Nacht, sie hüllt die Welt in Weichheit,
In der Stille, leuchtet der Mond so rein.
Mit unergründlichen, geheimnisvollen Tiefen,
Bietet uns die Schönheit Schutz und Sein.

Lausche dem Gesang der Vögel,
Beobachte das Wunder der Natur.
In stimmungsvoller Schönheit, wechselnd,
Durchlebend jede einzelne Struktur.

Poesie der Stille

Die Stille spricht eine stille Sprache,
In Poesie, gewoben aus dem Nichts.
In Worten, die an Tiefe nur flüstern,
In einer Welt, wo das Schweigen spricht.

Die Stille, sie hört und fühlt und lebt,
In Liedern, die nur das Herz versteht.
Sie malt die Welt in ihren feinen Linien,
In einem Universum, das nie vergeht.

Poesie der Stille, in Farben gewoben,
Ein Kaleidoskop von Gedanken und Sein.
Das Selbst, in der Stille gewoben,
Ein Meer von Gedanken, still und rein.

Die Poesie der stille gibt uns Kraft,
Versteckt die Wahrheit hinter Reim.
In der Stille, die das Wort erschafft,
Wird die Poesie unser ewiges Sein.

Tiefenbewegung

Die Tiefe bewegt sich, stört die Oberfläche,
Entfaltet ihre Macht in stiller Pracht.
Sie formt und formt und formt sich selbst,
In einem Meer von Gedanken, tief und rein.

Die Bewegung der Tiefe, ein ständiges Fließen,
Ein Wechselspiel von Sein und Schein.
Sie schafft und verändert und wird wieder geboren,
Verliert sich im Raum, zwischen Gestern und Heut.

Die Tiefe, sie ruft und das Echo antwortet,
In einem Tanz von Bewegung und Leben.
Sie ist und wird immer sein,
In jedem Moment, in jedem Erleben.

Tiefenbewegung, sie stirbt nie,
In ihr liegt der ewige Tanz.
In ihr ist das Werden und Vergehen,
Sie ist der Anfang, sie ist der Glanz.

Klänge des Herzschlags

Immer wieder schlägt das Herz,
Sanft und leise, gleich einem Vers.
Voll Sehnsucht schlummert es in der Brust,
Samt der Liebe singender Lust.

Es singt in den Tiefen, es klingt so rein,
Töne des Lebens, sie können nicht sein.
So einfach, so kraftvoll, so unvergleichlich wahr,
Klingt der Herzschlag in jedem Jahr.

Klänge des Lebens spielen ihr Lied,
Durch das Blut, das im Takt des Herzens zieht.
Sie sprechen von Freude, von Sturm und von Stille,
Vom ewigen Kreislauf, der jeden erfülle.

In dir und in mir, in groß und in klein,
Wird immer ein Herzschlag der Melodie sein.
Lausche den Klängen, lausche dem Ton,
Der Herzschlag der Liebe, unser Lebenslohn.

Wahrheitstropfen

Tropfen der Wahrheit fallen leise,
Verlieren sich in Raum und Zeit.
Sie leuchten hell auf ihrer Reise,
Zeugen von Klarheit und Bescheidenheit.

Kein Wort ist wahrer als ein anderer,
Jeder Tropfen hat seinen Preis.
Manche sind bitter, manche sanfter,
Doch alle sind sie weise und weiß.

Sie spiegeln das Licht der reinen Erkenntnis,
Sie formen den Teppich der Geisteswelt.
In ihrem Glanz liegt wahre Wahrhaftigkeit,
Ihre Klarheit wird niemals entstellt.

Hörst du die Tropfen, siehst du ihr Licht,
Wahrheit wird wahr, und Lüge bricht.
Sie flüstern leise, sie rufen laut,
Vertrauen und Wissen, auf diese ist gebaut.

Bruchstücke der Zeit

Bruchstücke der Zeit in ewiger Bahn,
Zeugen der Jahre, die keine Spur fahn.
Sie tanzen im Wind, sie spielen im Licht,
Erzählen Geschichten, von Zukunft und Sicht.

Sie bewegen die Welt, sie formen das Sein,
Mal hell, mal dunkel, mal klar und mal fein.
Sie teilen die Stunde, sie malen den Tag,
Jeder Moment ein Bruchstück, das ich in mir trag.

Sie fallen wie Regen, sie prickeln wie Schnee,
Sie fliegen wie Federn, so sanft und so weh.
Jeder Moment ein Wunder, jede Sekunde ein Grauen,
Inmitten der Zeit, können wir Himmelsstadt schauen.

Jeder Gedanke ein Bruchstück, jede Tat eine Spur,
Im Teppich der Zeit, unter Sternen so pur.
Leben, Erfahrung, Weisheit, Wissen,
In den Bruchstücken der Zeit, ist unser Dasein beschlossen.

Wogende Geheimnisse

Wogende Geheimnisse, wie die Wellen des Meers,
Tragen Geschichten, alte und sehr geheuers.
Sie flüstern im Wind, sie schweigen im Sand,
Bewegen die Seelen, formen das Land.

Sie singen von Liebe, sie raunen von Tod,
Sie schweigen von Schmerz, sie sprechen von Not.
Sie lauschen den Klängen, sie tanzen im Licht,
Spiegeln die Wahrheit in jedem Gesicht.

Sie sind das Rauschen in den Bäumen,
Sie sind der Traum in allen Träumen.
Sie sind das Leuchten in der Nacht,
Sie sind die Stille, die alles bewacht.

Wogende Geheimnisse, wie ein endloses Meer,
Tragen uns weiter, von hier nach dort, von dort nach mehr.
Sie bergen Weisheiten, sie bergen Fragen,
In ihren Tiefen liegt das Glück, unergraben.

Dunkelheit der Reinheit

In der Dunkelheit find ich Reinheit,
Verborgen tief in ihrem Kleid,
Eine Stille, so aufrichtig, echte
In der Weite der Unendlichkeit.

Geheimnisse, in Schatten gewoben,
Verloren in ewiger Sehnsucht gescheit,
Einsamkeit in Reinheit versprochen,
Ein Tanz in der Dunkelheit.

In die Nacht hinein gesungen,
Geschichten, leise und weit,
In der Dunkelheit, wo Sterne lügen,
Findet Seelen ihre Heiligkeit.

Tiefe Dunkelheit, ein Stille Meer,
Ein Hafen der Wahrheit, ein stetiges Sein,
Dort in der Dunkelheit der Reinheit
Wohnt das Herz, allein.

Zeitlose Schönheit

Zeitlose Schönheit, du leuchtest hell,
In deinem Licht, lässt du alles schnell,
Deiner Strahlen wahrer Schimmer,
Bringt die Hoffnung immer wieder.

In deinem Antlitz Zeit vergeht,
Jahrhunderte du überlebst,
Ewig in deinem Glanz bestehst,
Die Schönheit die nie vergeht.

Du bist wie der Mond, so sonderbar,
Ein glänzender Stern, ist klar,
Mit deiner Anmut, zeitlos wahr,
Bist du ein Wunder, außer Paar.

In dir ist alle Zeit verloren,
Neues Leben wird geboren,
Schönheit, die niemals kann verrohen,
In deinem Licht wir alle wohnen.

Sonnenaufgang der Seelen

Sonnenaufgang, der Seelen wacht,
Bringst verborgene Träume zur Macht,
In deinem Licht, hell und klar,
Entstehen Geschichten, sonderbar.

Deine Strahlen, warm und leicht,
Haben viele Seelen erreicht,
Erleuchtend das Dunkle, kalt und fein,
Bringst du des Tages neuen Schein.

Du singst das Lied der Morgenstunde,
Bringst Hoffnung in jede Wunde,
Mit deinem Leuchten, hell und rein,
Wird der Tag voll Glück und Freude sein.

Du bist der Beginn eines neuen Seins,
Des Lebens leuchtender, goldener Schein,
Im Sonnenaufgang, der Seelen weckt,
Wird das Licht der Hoffnung entdeckt.

Melodie des Herzens

In der Tiefe des Herzens singt eine Melodie,
In jedem Atemzug, in jeder Fantasie,
Ein Lied der Liebe, so zärtlich, so rein,
Es tanzt im Takt des Lebens, in Sonnen- und Mondschein.

Die starke Kraft, die uns immer verbindet,
Die sanft durch unsere Adern rauschend findet,
Die Melodie unserer Herzen, stark und wahr,
Spielt auf der Klaviatur unseres Lebens, Jahr für Jahr.

Ein stetiges Summen, ein himmlisches Lied,
Eine Melodie, die Hoffnung und Liebe sieht,
In den Tiefen unseres Herzens, dort wohnt sie,
Die unendliche Melodie, die nie verzieht.

Sie singt von Trauer, Liebe und Glück,
Von Vergangenheit und Zukunft, Stück für Stück,
Die Melodie des Herzens, so wunderschön und nett,
Sie wird immer singen, hat sie erst einmal angefangen, das Duett.

Im Tanz der himmlischen Frauen

In Klang und Farbe gleiten sie,
Zwischen Sternen, ohne Scheuen,
Jede Bewegung eine Poesie,
Im Tanz der himmlischen Frauen.

Leicht wie Federn, frei wie Winde,
Kein Verstand kann sie einbinden,
Mit sanften Händen, sanften Sinnen,
Im Spiel von Ewigkeit gewinnen.

Ihrer Augen funkelnder Ketten,
Faszinieren, können letten,
Welch ein Anblick, welch ein Trauen,
Im Tanz der himmlischen Frauen.

Einen Blick - und der Verstand entflieht,
Ein Tanz, wo Zeit und Raum verschwinden,
Ihre Stimme, die Melodie des Windes,
Und ihre Augen, die Gestirne sind.

Echos von Vertauschten

Vertauschte Worte, vertauschte Zeit,
Gedanken kreisen, in Dunkelheit,
Gefangen im Echo des Schweigens,
Blicke, die den Schmerz bezeugen.

Und dennoch klingt eine Melodie,
In jedem Echo, in jeder Symphonie,
Nur Sind die Noten vertauscht,
Und die Harmonie verraucht.

Ein Echo kehrt nie zurück,
Leuchtet kurz, wie ein Glücksstück.
Ist es Liebe, ist es Trauer?
Echos von Vertauschten, in der blauen Stunde.

Sie klingen durch des Herzen Hallen,
Durchschreiten die verlassenen Gemäuer,
Und in der Stille, in der Vale,
Hören nur die Echos in erinnernden Mauern.

Die Stimme der Stille

Sie spricht ohne Worte, lautlos und klar,
Im sanften Rascheln des Blattes so wunderbar,
Dringt sie ins Herz, streift die Seele sacht,
Die Stimme der Stille, durchbricht die Nacht.

Sie singt das Lied jeder kaum gedachten Gedanken,
Berührt leise die Türen der verlorenen Schranken,
Zwischen Mensch und Mensch, zwischen heute und morgen,
Die Stimme der Stille, trägt keinen Sorgen.

Mit jedem Flüstern des Windes, mit jedem tropfenden Regen,
Tritt sie zu uns, auf unbekannten Wegen,
In der Tiefe der Dunkelheit, in der Unendlichkeit des Lichts,
Die Stimme der Stille kennt kein Gericht.

Sie nimmt sich der Leere, des leeren Raums,
Bringt Frieden und Ruhe in unsere Träume,
In Stille gesprochen, in Stille vernommen,
Ist die Stimme der Stille, die Stimme des vollkommenen.

Schleier des Geheimnisses

Hinter dem Schleier des Geheimnisses,
Verborgen sind Wahrheiten, entzündet den Prozess,
Schattenspiele unter dem Mondschein,
Unbegreifliche Mysterien, tief drinnen fein.

Jeder Atem, jeder Hauch,
Sind Anhaltspunkte im sich drehenden Rad der Zeit,
Jeder Traum, jede Illusion,
Bilden Muster im Webstuhl der Unendlichkeit.

Hinter dem Schleier, was mag da sein,
Unsichtbar für die Augen, hell für den Sinn,
Raunen der Schatten, Wispern des Lichts,
Wir sind die Teilchen, die das Geheimnis dicht.

Im Gewebe der Sehnsucht, im Gewebe der Angst,
Trotzen Wir den Stürmen, der Wahrheit und der Lüge,
Hinter dem Schleier, durch den Riss in der Dunkelheit,
Entzünden Wir die Funken, der Geheimnisse Weite.

Geheimnisse der Dämmerung

In Schleier der Dunkelheit geborgen,
Entfaltet sich ein Geheimnis sorgen.
Die Sterne flüstern ein leises Lied,
In der Dämmerung, wenn das Taglicht flieht.

Geheimnisse weben einen Zauber der Nacht,
Wo Mondenschein sanft über Landstriche wacht.
Leise Geflüster, vom Winde verweht,
Erzählt Geschichten, die keiner versteht.

Im sanften Spiel von Licht und Schatten,
Dämmerung kann sich der Welt Schönheit ermatten.
Ruhig und still, die Zeit sie verrinnt,
Bis das erste Licht des Morgens beginnt.

Geheimnisse der Dämmerung, Gardinen der Nacht,
Hüten das Dunkel mit sanfter Macht.
Ein flüsterndes Versprechen, im Zwielicht so klar,
Ein neuer Tag beginnt, das Dunkel war.

Verlorene Zeit

Mit jedem Ticken der Uhr, eine Sekunde vergeht,
Verlorene Zeit, die niemand versteht.
Sie zieht wie ein Schatten, stumm durch das Land,
Leise und heimlich, zieht sie ihre Wand.

Spiegel der Vergangenheit zeigen uns klar,
Wie kostbar die Zeit und doch, sie war.
Ein Geflecht aus Gedanken, Momenten so rein,
Verblassen im Licht der Erinnerung fein.

Verlorene Zeit, sie ruft uns zu,
Bedeutung in Sekunden, ein ewiges Nu.
Sie fließt wie ein Fluss, unaufhaltsam voran,
Im Sand der Zeit, hinterlässt sie ihre Bahn.

Ein Echo der Vergangenheit, stets zu spüren,
Verlorene Zeit, wir können sie nur verlieren,
Doch in jedem Moment, in jedem Tick,
Lebt sie weiter, Stück für Stück.

Seelenfragment

Ein Stück Seele, verloren im Wind,
Von Gefühlen getrieben, wie ein Kind.
Ein kleines Fragment, ein Teil von mir,
Schwebt durch die Zeit, findet zu dir.

Flüstern der Sehnsucht, ein stummes Gebet,
Seelenfragment, das nie untergeht.
Es schwebt durch das Dunkel, sucht seinen Weg,
Ein Stück von mir, das zu dir hin fegt.

In deinem Herzen, mein Seelenfragment,
Ein kleiner Funke, der uns verbindet und kennt.
Ein Stück von mir, in dir bewahrt,
In der Tiefe des Seins, zart und hart.

Gefangen im Weben von Raum und Zeit,
Seelenfragment, für die Ewigkeit.
Ein Teil von mir, immer bei dir,
Das ist das Geheimnis, das ich dir hier.

Pfade des Vergessens

Auf Pfaden des Vergessens, so tief und weit,
Schleichend durch die Schatten der Vergangenheit.
Echos verblassen, Erinnerungen verweht,
Auf Pfade des Vergessens, bewegen wir uns leis und sacht.

Spuren im Sand, vom Wind verweht,
Geschichten verloren, die keiner mehr versteht.
Die Pfade des Vergessens, sie führen uns fort,
In das Reich der Schatten, an einem unbekannten Ort.

Leise wehen die Winde durch die Zeiten,
Tragen die Erinnerung, in Weiten und Breiten.
Pfade des Vergessens, stumm und raub,
Zeichnen das Bild der Zeit, in ihrem Lauf.

Durch die Nebel der Jahre, verbogen und alt,
Leuchten die Erinnerungen, so hell und kalt.
Pfade des Vergessens, in Dunkelheit verpackt,
Erzählen die Geschichte einer Zeit, lange fort und abgeschmackt.

Rose der Nacht

Sterne, die wie Blüten sprossen,
In der dunklen Nacht verloren,
Eine Rose haben wir gegossen,
In den Tiefen des Himmels geboren.

Ihr Duft streut in den Winden,
Ihre Farbe verbirgt die Nacht,
Die Nachtigallen singen linden,
Ihr Lied, das leise erwacht.

Eine Rose, so dunkel und rein,
In der Finsternis streckt sie sich aus,
In der Nacht wird sie unser Sein,
Unser Herzen zu Hause, unser Zuhaus.

In der Dunkelheit wird sie blühen,
Mit dem Versprechen der Sterne im Haar,
Wird unseren Kummer mit Süße versüßen,
Die Rose der Nacht, wunderbar.

Flügelschlag des Lebens

Jeder Flügelschlag ein Schritt ins Leben,
Mit jedem Windstoß stärker, fester streben.
Unsere Herzen mit Hoffnung getrieben,
Flüstern leise, lass uns fliegen, lass uns beben.

Von den wolkenhohen Träumen,
Mit dem Wind, schweben wir über Sträumen.
Wir schwingen höher, über Bäumen,
Tiefe Sehnsucht in uns, auf den Weiten zu säumen.

Gleiten mit der Zeit, bis zum Horizont,
Jeder Flügelschlag, jedes Echo, jeder Ton.
Wir spüren den Rhythmus, den wilden Puls schon,
Flügelschlag des Lebens, unsere eigene Symphon.

Durch den Himmel und die Wolken weit,
Führen uns die Flügel, durch Raum und Zeit.
Schwingend, schwebend, in voller Heiterkeit,
Im Flügelschlag des Lebens, vereint in Einigkeit.

Im Herzen eines weiblichen Labyrinths

Im Herzen eines Labyrinths versteckt,
Eine Frau ihre Wahrheit verdeckt.
Verwobene Pfade, so tief und eng,
Ein Lied der Liebe, noch ungesengt.

Mauern aus Sehnsucht, Korridore aus Schmerz,
Im Herzen des Labyrinths schlägt ihr Herz.
Tief verborgen, im Dunkeln versteckt,
Ein weiblicher Code, noch unausgeleckt.

Jede Kurve, ein Rätsel zu lösen,
Jede Wende, ein Geheimnis, mit Respekt zu stößen.
Im Herzen des Labyrinths, wo Gedanken fließen,
Lässt sie ihre Wahrheit, ihre Liebe sprießen.

Mit jedem Schritt, jede Wendung tiefer,
Wird das Labyrinth, das Herz, irgendwie reifer.
Im Kern, die Essenz, das wahre Licht,
Im Herzen eines weiblichen Labyrinths, ein Liebesgedicht.

Metamorphosen unter dem Mondschein

Unter dem verzauberten Mondschein,
Verändert die Welt sich, fein und klein.
Die Nacht erwacht und wirft ihren Schein,
Kündigt die heimlichen Metamorphosen an, heimlich fein.

Die Blumen schließen ihre Augen,
Die Sterne, sie lachen und saugen.
Die Wälder tanzen in den lauen,
Metamorphosen, die uns in den Bann ziehen, wahrhaftig,
sie taugen.

Der Silbermond am Firmament,
Alles verändert, alles erkennt.
In seinem Licht, was die Nacht uns schenkt,
Ein Zauber der Metamorphose, der uns lenkt.

In der Stille der Nacht, tief und klar,
Verwandelt sich das Gewohnte, wunderbar.
Unter dem Mondschein, ist nichts, wie es war,
Metamorphosen, so sichtbar, so offenbar.

Tanz der Schatten

Im Dunkel tanzen sie voll Leidenschaft,
Aus der Nacht weben sie eine Pracht.
Schatten, die spielerisch niemanden erschrecken,
Ihre Leise Melodie, kann Herzen erwecken.

In der Stille der Mitternacht,
Schrecklich schön ist ihre Macht.
Hinterlegt mit silbernem Mondeslicht,
Verbergen sie nicht ihr wahres Gesicht.

Sie wirbeln, sie drehen, sie fliegen dahin,
Mit jedem Schritt singen sie den kosmischen Sinn.
Schatten, geheimnisvoll wie der ewige Schlaf,
Versinken sie langsam, mit dem letzten Kampf.

Die Dunkelheit flüstert, zieht leise vorüber,
Die Schatten verschmelzen, kehren niemals wieder.
Doch der Tanz der Schatten, ewig und frei,
Leuchtet still im Herzen, leise wie der Schrei.

Im Kern der Dämmerung

Die Dämmerung bricht an, still im Glanz,
Im Herzen der Nacht, beginnt der Tanz.
Vom Schein der Sterne, sanft geliehen,
Zeigt die Dämmerung uns, wer wir wirklich sind.

Versteckt im Nebel, enthüllt im Licht,
Bringt das Dunkel die Wahrheit ans Licht.
Wie ein kostbares Juwel, tief in der Nacht,
Funkelt der Kern der Dämmerung, mit versteckter Macht.

Unsichtbare Pfade, von Schatten gemalt,
Die Nacht offenbart, was der Tag vorenthält.
Im Kern der Dämmerung, so tief und klar,
Liegt ein Geheimnis, stumm und wunderbar.

In den Tiefen der Nacht, so still und verwegen,
Tänzelt die Dämmerung, auf unergründeten Wegen.
Im Kern der Dämmerung, unserer Dunkelheit geweiht,
Finden wir uns selbst, in der Unendlichkeit.

Geflüster der Vergänglichkeit

Die Vergänglichkeit flüstert leise Geschichten,
Von Zeiten, die wie Rauch zerbröckeln und schlichten.
Sie erzählt von Stärke, sie spricht von Schmach,
Sie murmelt Lieder, von dem, was einst war.

Sie erinnert uns an die Feinheit der Zeit,
Die schleichende Stunde, in ihrer Flüchtigkeit.
Sie lehrt uns Demut und die Angst zu besiegen,
Unsere Sterblichkeit, kann niemand betrügen.

Sie flüstert, sie schweigt, sie spricht in uns allen,
Im Echo der Zeit, hören wir sie verhallen.
Das Geflüster der Vergänglichkeit, so alt und so weise,
Mahnt uns, das Leben zu schätzen, auf ihre stille Weise.

In der Stille, in der Leere, im Raum der Zeit,
Bewegt sich die Vergänglichkeit, mit stummer Heiterkeit.
Das Geflüster der Vergänglichkeit, wie ein Windhauch so sacht,
Erinnert uns leise, an die Sterblichkeit der Nacht.

Liebkosung der Verschwiegenheit

Die Verschwiegenheit hüllt uns ein,
Geheimnisse gehütet, in ihrem feinen Schrein.
In Stille gewoben, in Gedanken versteckt,
Ist die Liebkosung der Verschwiegenheit, unsere Entdeckung, unser Recht.

Ein sanftes Flüstern, ein leises Seufzen,
Die Verschwiegenheit kann nichts erschüttern, nichts aufweisen.
In ihrer Liebkosung finden wir Trost,
In ihrer Stille, wird alles gelöst.

Die Verschwiegenheit singt ihre sanfte Melodie,
In der Tiefe der Stille, findet die Seele ihre Poesie.
Die Liebkosung der Verschwiegenheit, so ehrlich und pur,
Schützt uns vor der Welt, bietet uns eine sichere Tour.

In den Tiefen der Stille, in der Dunkelheit der Nacht,
Ist die Verschwiegenheit eine Freundin, die stets über uns wacht.
Die Liebkosung der Verschwiegenheit, wie ein zartes Lied,
Erinnert uns daran, dass wahre Stärke im Verborgenen blüht.

Sternenfluss

Die Sterne fließen wie ein Fluss,
Bewusst in ihrer endlosen Diskussion.
Im Himmel tanzen sie, ganz ohne Anlass,
In einem Fluss aus hellem Tau und Erhebung.

Sie weben in dunklem Mantel,
Funkelnd mit lebendiger Pracht.
Eingebettet in der Ewigkeit, fuehren sie die Nacht,
Auf einem Hemel so blau, so stolz und leuchtend.

Sie winken uns, in sanfter Glut,
Mit Licht, welches selbst dem Tode trotzt.
Sternenfluss, du bist ein Rätsel.
Ein faszinierendes, nie endendes Schauspiel.

Von der Dunkelheit gesäugt, doch vom Licht genährt,
Sind sie ewige Boten, die keine Grenzen kennen.
Ihr Schweigen ist die schönste Melodie,
Sternenfluss, du bist das Lied der Unendlichkeit.

Verborgene Schönheit

Die Schönheit des Verborgenen, tief im Inneren,
Versteckt vor der Welt, verborgen in dir.
Sie ist das Licht, das in der Dunkelheit leuchtet,
Verhüllt in Geheimnissen, erzählt sie stille Geschichten.

Die Schönheit der Ruhe, im Kern eines Wunders,
Sie spricht ohne Worte, und erhebt sich in dir.
In den stillen Momenten des Lebens,
Ist sie das unsichtbare Band, das uns alle verbindet.

Die Schönheit des Unsichtbaren, am Rande der Sinne,
Sie ist die Melodie, die nur das Herz versteht.
Sie ist das Leise, das Starkes hervorruft,
Und das Einfache, das Innigste berührt.

Die Schönheit des Verborgenen, sie ist in uns Allen,
Sie ist die Liebe, die still in uns wächst.
Sie ist die Stille, vor dem Lärm des Lebens,
Sie ist die Schönheit, die in jedem von uns wohnt.

Klopfende Herzgeräusche

Das Herz, es klopft, es ruft nach dir,
Im Rhythmus des Lebens, in Wahrheit und Scherz.
Jeder Schlag, ein Moment, der verweilt,
Im Echo der Liebe, die es mit dir teilt.

Es pocht und es hüpft, in leiser Melodie,
Mit Sehnsucht und Hoffnung, im sanften Getriebe.
Mit jedem Klang, ein Lied erklingt,
In liebevollen Tönen, die nur dir es bringt.

Es flüstert und summt, in süßer Symphonie,
Mit Lächeln und Freude, in deinem Refugium.
Ein Chor der Gefühle, in steter Harmonie,
Erklingt und erzählt, von deiner Poesie.

Es klingt und es rauscht, in tiefem Akkord,
Mit Mut und mit Stärke, in deinem Kompass.
Eine Ode an das Leben, in jedem Herzbeat,
Im pulsierenden Lied, das niemals verrät.

Geborgen in der Weisheit

Geborgen in unserem Wissen, in der Weisheit so alt,
Sind wir die Reisenden, die Zeugen der Zeit.
Mit jedem Schritt, entsteht ein Lied,
Im Rhythmus der Erkenntnis, in der Melodie der Welt.

Im sanften Flüstern des Windes, in der Stille der Nacht,
Finden wir Antwort, auf Fragen, so tiefsinnig bedacht.
Mit jedem Herzschlag wird ein Echo entfacht,
Im Takt unserer Zeit, in unserer innersten Pracht.

Weisheit ist das Meer, auf dem wir segeln,
Unsere Kompass, unsere Karte, in der Unendlichkeit.
Mit jedem Wellenschlag, formen wir die Kraft,
In der Tiefe des Bewusstseins, in der Sanftheit der Macht.

Im Spiegel der Jenseits, im Rausch der Gedanken,
Finden wir Heimat, in Weisheit verankert.
Geborgen im Wissen, erleuchtet und klar,
Im Kreislauf des Lebens, in Ewigkeit wahr.

www.ingramcontent.com/pod-product-compliance
Lightning Source LLC
LaVergne TN
LVHW010552070526
838199LV00063BA/4951